Dieses Buch gehört:

Hier bitte
ein Foto
einkleben!

Lieblingsprojekt

Alle Tipps und Informationen in diesem Buch
sind sorgfältig ausgewählt und geprüft.
Dennoch können weder Urheber noch Verlag
eine Garantie übernehmen. Eine Haftung
für Personen-, Sach- und Vermögensschäden
ist ausgeschlossen.

5 4 3 2 1   21 20 19 18 17
ISBN 978-3-649-62459-2
© 2017 Coppenrath Verlag GmbH & Co. KG,
Hafenweg 30, 48155 Münster, Germany
CH: Baumgartner Bücher AG,
Centralweg 16, 8910 Affoltern a. A.
Alle Rechte vorbehalten, auch auszugsweise
Text: Claudia Seidel, zertifizierte Waldpädagogin
Illustrationen: Lucie Göpfert
Fotos: siehe Nachweis auf Seite 60
Satz und Covergestaltung: Alexander Nuißl
Redaktion: Susanne Tommes

Printed in China

Claudia Seidel

SCHNiTZEN!

iN 5 SCHRiTTEN ZUM PROFi

Mit Illustrationen von Lucie Göpfert

COPPENRATH

Hallo, Abenteurer!

Klar: Wer in der Wildnis unterwegs ist, muss schnitzen können. Doch wie geht man richtig mit einem Messer um? Welche weiteren Werkzeuge sind praktisch? Was kann man überhaupt schnitzen? Dieses Buch zeigt dir alles, was du wissen musst, um ein echter Profi zu werden. Los geht's mit einfachen Sachen, die fix etwa aus Seife oder einer Möhre entstehen. Weiter hinten im Buch stehen aufwendigere Projekte, die mehr Geduld und Geschicklichkeit verlangen. Nach jedem geschafften Level kannst du einen coolen „Geschafft!"-Sticker einkleben und dir am Ende eine tolle Urkunde aufhängen. Viel Spaß!

Inhaltsverzeichnis

Ein Messer kaufen

Am besten besuchst du gemeinsam mit einem Erwachsenen ein Fachgeschäft und probierst dort verschiedene Messer aus.

Darauf solltest du achten:

- Ein brauchbares Messer muss nicht viel kosten. Du kannst jedoch davon ausgehen, dass ein teures Messer eine härtere Klinge hat, die nicht so oft geschärft werden muss.
- Dein Messer sollte gut in der Hand liegen. Der Griff darf nicht zu dick sein.
- Eine Verdickung zwischen Griff und Klinge verhindert, dass deine Hand zur Klinge rutscht.
- Die Spitze der Klinge sollte abgerundet sein.
- Die Klinge sollte feststehen oder – bei Klappmessern – feststellbar und nicht zu lang sein (maximal 9 cm).
- Außerdem sollte die Klinge schön scharf sein. Mach den Test: Wenn du mit deinem Messer mühelos ein Blatt Papier zerschneiden kannst, ist es scharf genug. Stumpfe Klingen gleiten nicht sauber durchs Holz. Du brauchst zu viel Kraft, kannst schnell abrutschen und dich verletzen.

  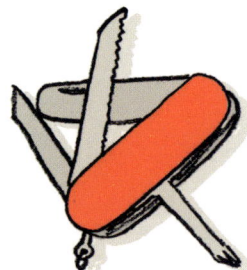

Wenn du ein Taschenmesser kaufen oder dir wünschen möchtest, suchst du dir am besten eins mit einer großen und einer kleinen Klinge sowie einem Bohrer und einer Säge aus. Mehr Werkzeuge machen dein Taschenmesser unnötig klobig und es liegt nicht mehr so gut in der Hand.

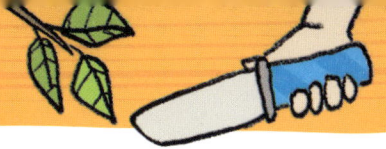

Das Messer richtig pflegen

Hier ein paar praktische Tipps, damit dein Messer lange hält:

- Dein Messer sollte möglichst nur für Holz verwendet werden. Falls du doch mal etwas anderes, zum Beispiel Obst oder Gemüse, bearbeitest, musst du dein Messer danach mit milder Seifenlauge von klebrigen Rückständen befreien und gut abtrocknen.

- Messer aus Stahl können mit einem Wetzstein geschliffen werden, den man vorher anfeuchten sollte. Es erfordert etwas Übung und Erfahrung, ein Messer mit einem Wetzstein richtig zu schärfen. Bitte daher einen Erwachsenen um Hilfe. Praktischer als ein Wetzstein ist ein Messerschleifer, den du schon bald allein benutzen kannst.

- Falls sich dein Klappmesser mit der Zeit schwer öffnen und schließen lässt, kannst du es mit einem Tropfen Paraffinöl (für Nähmaschinen oder Fahrräder), direkt an die Gelenke gegeben, wieder leichtgängig machen. Überschüssiges Öl saugst du mit einem weichen Lappen auf, sonst setzen sich Verunreinigungen fest.

Messerschleifer

Wetzstein

Weiteres Werkzeug

Um auf jedes Schnitzprojekt optimal vorbereitet zu sein, sollten neben deinem Messer folgende Sachen griffbereit liegen:

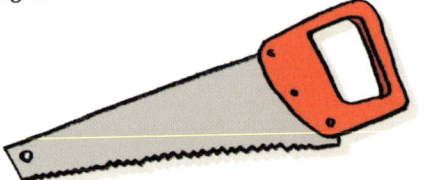

▶ Eine Handsäge, zum Beispiel ein Fuchsschwanz, um Stücke von größeren Ästen abzusägen.

◀ Ein Hohleisen, um Flächen auszuhöhlen. Es eignet sich gut, um Löffel oder Schälchen anzufertigen. 16 bis 20 mm Breite sind dafür eine ideale Größe. Meist werden Sets mit verschiedenen Größen angeboten.

▶ Sandpapier zum Schleifen und Polieren von hölzernen Oberflächen. Es gibt verschiedene Körnungen: Für grobe Schleifarbeiten verwendest du eine 80er Körnung. Danach arbeitest du mit einer 120er Körnung weiter, bevor du dein Werk mit einer 240er oder 320er Körnung beendest und eine schöne glatte Oberfläche erhältst.

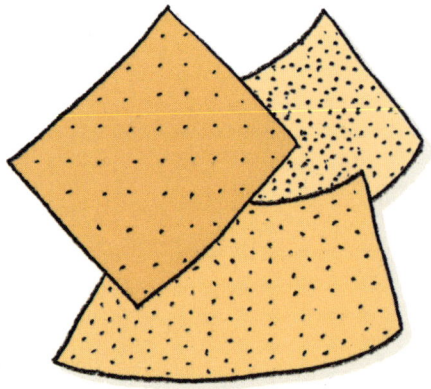

◀ Ein Handbohrer, um Löcher ins Holz zu bohren oder Äste auszuhöhlen.

Tipps für die Nachbehandlung

Einige Sachen, die du schnitzt, kommen später mit Wasser in Berührung, zum Beispiel das Rindenschiff oder der Löffel. Damit sie sich nicht mit Wasser vollsaugen, ölst du sie gut ein. Ungiftig, geschmacksneutral und außerdem preiswert ist Rapsöl, das es in jedem Supermarkt zu kaufen gibt. Vielleicht steht auch bei dir zu Hause eine Flasche in der Küche.

Lege dein Werkstück in eine Schüssel, und gib so viel Öl darüber, bis es ganz bedeckt ist. Nach 15 Minuten holst du dein Werkstück wieder heraus und lässt es kurz über etwas Küchenkrepp abtropfen. Dann polierst du es mit feinem Sandpapier oder einem Topfschwamm. So reibst du das Öl in alle Poren. Zum Schluss entfernst du mit einem weichen Tuch alle Reste und lässt das Öl eine Woche lang trocknen, bevor du den Gegenstand benutzt.

Tipp: Sobald du merkst, dass das Holz etwas trocken erscheint, solltest du Essbrettchen, Schälchen, Gabeln, Messer und Löffel mit Öl nachbehandeln – dann halten sie lange.

Sicherheitsregeln

Halte beim Schnitzen genug Abstand zu anderen, damit du niemanden verletzt.

Wer mit einem Messer oder anderen scharfen Werkzeugen arbeitet, kann sich leicht verletzen. Autsch, das tut weh! Darum ist es sehr wichtig, die folgenden Regeln zu beachten:

- Schnitze immer nur im Beisein eines Erwachsenen.
- Wir schnitzen im Sitzen – niemals im Stehen oder beim Laufen.
- Wir halten Abstand zueinander, mindestens eine Armlänge rundum.
- Die Hand, die das Holz hält, befindet sich immer hinter dem Messer.
  Als Anfänger schützen wir die Hand, die das Werkstück hält, mit einem Arbeitshandschuh.
- Anfangs sollst du immer vom Körper weg schnitzen, bis sich genug Übung und Sicherheit im Umgang mit dem Messer eingestellt haben.

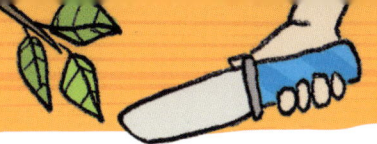

- Die Führung des Messers kannst du gut kontrollieren, indem du bei Feinarbeiten mit dem Daumen der schnitzenden Hand auf den Messerrücken drückst.
- Wenn du eine Pause machst oder mit deiner Arbeit fertig bist, steckst du das Messer in seine Messerscheide oder klappst es zu. Lege es an einen sicheren Ort, wo es nicht von jüngeren Kindern weggenommen werden kann.
- Ein Schnitzmesser soll immer scharf sein, sonst gleitet es nicht gut durch das Holz und die Verletzungsgefahr steigt!

So hältst du Messer und Holz richtig.

Liebe Eltern und Betreuer!
Erläutern Sie vor dem Schnitzen die Sicherheitshinweise, und wiederholen Sie sie, wenn sie nicht konsequent eingehalten werden. In ihrem Eifer vergessen Kinder oft die vorher besprochenen Regeln. Schnitzen erfordert Konzentration und Geduld. Daher bitte niemals einem übermüdeten oder aufgeregten Kind ein Messer überlassen!

Was tun bei Verletzungen?

Mit dem Schnitzen ist es wie mit dem Radfahren: Übung macht den Meister! Bevor du den Bogen raushast, schneidest du dir sicher hin und wieder in einen Finger oder rammst dir einen Splitter in die Haut. Eine Notfall-Ausrüstung mit Pflastern, Verbandszeug, Hautdesinfektionsspray und einer Pinzette sollte daher immer griffbereit liegen.

So werden Verletzungen richtig versorgt:
- Kleine Wunden zunächst desinfizieren, anschließend ein Pflaster daraufkleben.
- Etwas längere und tiefere Schnitte mit mehreren sterilen Kompressen abdecken, die mit einem straffen Pflasterverband fixiert werden.
- Hast du dir sehr tiefe und ausgefranste Wunden oder Verletzungen zugezogen, die etwa bei der Arbeit mit einer Säge passieren – sofort zum Arzt!
- Kleine Splitter vorsichtig mit einer Pinzette aus der Haut ziehen, anschließend die Stelle desinfizieren. Größere Splitter vom Arzt entfernen lassen.

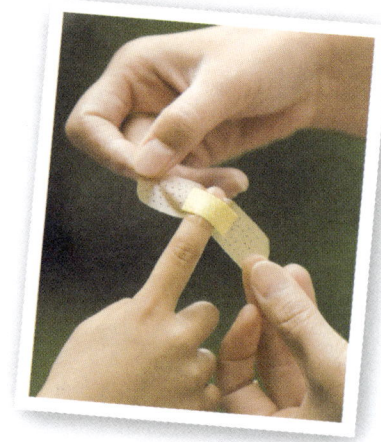

Damit kein Schmutz eindringen kann, deckst du kleine Wunden mit einem Pflaster ab.

Nummer des
Rettungsdienstes:

112

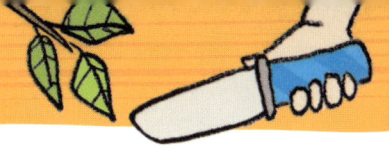

Das richtige Holz

Grundsätzlich gilt: Frisches Holz eignet sich besser als trockenes. Allerdings darfst du nicht einfach Äste von lebenden Bäumen abschneiden oder etwas in die Rinde ritzen. Ein Baum braucht lange, um Wunden zu verschließen. Und oft dringen Krankheitserreger in die Öffnungen ein und schädigen den Baum.

Zum Glück liefern umgestürzte Bäume, Reste von Forstarbeiten, abgebrochene Äste und Schnittgutabfälle genug geeignetes Material für deine ersten Schnitzarbeiten. Genauso gut kannst du in holzverarbeitenden Betrieben nach Resten fragen.

Ärgere dich nicht, wenn dein Holzstück krumm oder buckelig ist. Überlege dir, wie du diese Unregelmäßigkeiten nutzen kannst. Ein Knubbel könnte vielleicht die Nase eines Waldgeistes sein …

Wenn du erst später an deinem Werkstück weiterschnitzen möchtest, bewahrst du es in einer geschlossenen Plastiktüte auf oder reibst die Schnittflächen mit Kerzenwachs ein. So bleibt das Holz länger feucht.

Geeignete Holzarten

Ahornblätter sind im Herbst sehr bunt.

Ahorn: Das Holz ist hell und gleichmäßig und schrumpft nur ein bisschen, wenn es trocknet. Da Ahorn vollkommen geruchlos ist, eignet er sich sehr gut für Löffel, Gabeln, Salatbestecke und Essbrettchen.

Birke: Das helle Holz lässt sich leicht bearbeiten und ist daher ein ideales Anfängerholz für die Herstellung von Küchengeräten, aber auch für andere Werkstücke. Es wächst fast überall und hat eine schöne Maserung.

Birken haben eine schwarz-weiße Rinde.

Erlen stehen oft im Wasser.

Erle: Der auf feuchtem Boden gedeihende Baum hat ein weiches, formbeständiges Holz, das leicht zu bearbeiten ist. Weil Wasser nicht so leicht eindringen kann, ist Erlenholz ideal für Essgeschirr, Trinkbecher und Holzschuhe.

Unreife Haselnüsse

Hasel: Haselnusssträucher sind weit verbreitet. Ihre Äste sind meist gerade, schön elastisch und gleichzeitig fest. Außerdem kannst du prima Muster in die dünne Rinde schnitzen.

Holunder: Die leichten Zweige und Äste eignen sich vor allem für Schnitzanfänger. Das frische Holz lässt sich gut schnitzen und ist, sobald es trocken ist, sehr hart. Außerdem kannst du das weiche Mark entfernen und so Perlen, Blasrohre und Flöten anfertigen.

Ein blühender Holunder

Die Blätter der Linde erinnern an Herzchen.

Linde: Der langlebige Baum liefert ein ideales Anfängerholz – hell, gleichmäßig, leicht und weich. Es wird traditionell für Bildschnitzereien und kleine Figuren verwendet.

Finger weg von giftigen Arten! Dazu gehören Eibe, Goldregen, Kirschlorbeer, Pfaffenhütchen, Robinie, Seidelbast und Thuja! Sie enthalten zumindest in einigen Pflanzenteilen giftige oder reizende Bestandteile.

Ein Seifenfisch

Du brauchst:
einen Bleistift, ein Seifenstück,
dein Messer, ein Handtuch oder
Blatt Papier und etwas Wasser.

Zum Waschen fast zu schade!

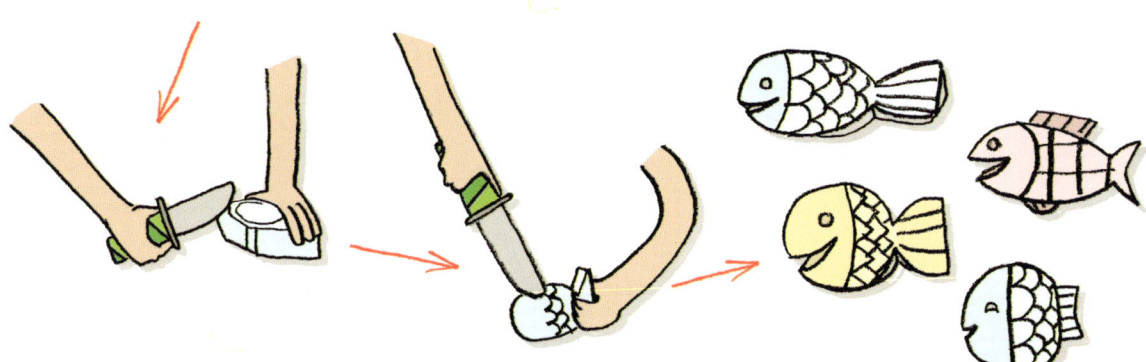

Und so wird's gemacht:
1. Zeichne zuerst die Umrisse eines Fisches auf das Seifenstück.
2. Dann entfernst du entlang der Linien das überschüssige Material mit dem Messer – zunächst grob, dann immer feiner –, bis der Fischkörper gut zu erkennen ist.
3. Zum Schluss arbeitest du noch Flossen, Schuppen und Augen aus.

Tipp: Fang die Seifenspäne mit dem Handtuch oder Blatt Papier auf, dann kannst du später mit etwas Wasser eine kleine Seifenkugel formen.

Eine Möhrenmaus

Du brauchst:

dein Messer, eine Möhre, sechs halbierte Zahnstocher und einen dünnen Stängel ohne Blätter.

Und so wird's gemacht:

1. Schneide ein etwa 7 cm langes Stück von dem Ende der Möhre ab, an dem sich das Möhrengrün befindet, und entferne das Möhrengrün. Dieses Ende wird später der Mäusepopo.
2. Ritze etwa 2 cm von der Schnittkante entfernt eine Linie in das Möhrenstück und schnitze von hier aus die Nase. Aus den Spänen formst du zwei Ohren.
3. Schneide zwei kleine Kerben in den Kopf, klemme die Ohren hinein und befestige sie mit zwei halben Zahnstochern.
4. Mit einer vorsichtigen Drehbewegung deines Messers stichst du nun zwischen Nase und Ohren zwei Vertiefungen für die Augen und am Hinterteil ein Loch für den Schwanz aus.
5. Stängel hinein und noch vier halbe Zahnstocher als Schnurrbart – fertig ist die Möhrenmaus!

Eine Möhrenmaus ist ein tolles Geschenk für kleine Geschwister.

Wo wohnt die kleine Maus?

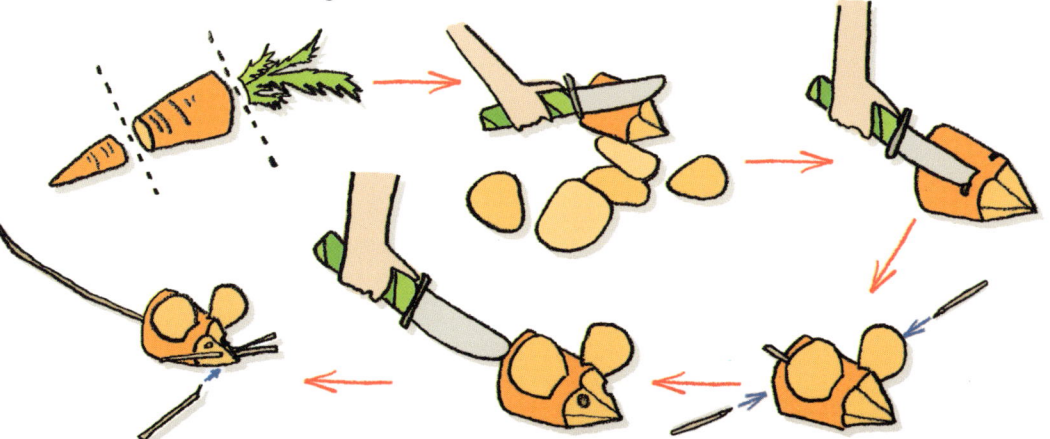

Seetüchtig sind deine Boote zwar nicht, aber lecker und ein echter Hingucker.

Lustige Gurkenboote

Du brauchst:

dein Messer, eine Salatgurke, einen Teelöffel, als Segel Fotokarton, eine Paprika oder Salatblätter, eine Schere, Holzspieße, 500 g Magerquark, frische Kräuter ganz nach Geschmack, Salz und Pfeffer.

Und so wird's gemacht:

1. Schneide die Salatgurke in 8 bis 10 cm lange Stücke.
2. Halbiere die Stücke und kratze mit dem Teelöffel die Kerne aus.
3. Für die Segel schneidest du entweder mit einer Schere den Fotokarton zurecht oder du schnitzt sie mit deinem Messer aus der Paprika. Große Salatblätter gehen auch.
4. Stecke deine Segel auf die Holzspieße und verteile sie auf die Boote.
5. Zum Schluss rührst du den Kräuterquark an und gibst in jedes Boot einen Klecks.

Gruselige Kürbismonster

Du brauchst:

dein Messer, einen Kürbis (zum Beispiel Hokkaido), einen Löffel oder Eiskugelformer, eine Schüssel, einen Stift, ein Teelicht und ein Glas.

Und so wird's gemacht:

1. Schneide mit deinem Messer das obere Drittel deines Kürbisses ab und lege es als Deckel beiseite.
2. Schabe mit dem Löffel oder dem Eiskugelformer das weiche Fruchtfleisch heraus, bis nur noch die festen Wände stehen, und gib es in die Schüssel. Wie wär's später mit einer leckeren Kürbissuppe?
3. Nun zeichnest du Augen, Nase und Mund auf und schneidest alles mit der Messerspitze vorsichtig aus.
4. Zum Schluss stellst du das Teelicht ins Glas und das Glas in den Kürbis. Deckel drauf – fertig.

Tipp: Im Sommer kannst du lustige Melonenmonster schnitzen und aus dem Fruchtfleisch einen Smoothie zubereiten.

Ganz schön schaurig!

Geschafft!

Hier kannst du ein Foto deines schönsten Werkstücks
einkleben oder ein Bild davon malen.

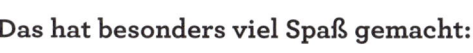

Das hat besonders viel Spaß gemacht:

_____

_____

Das war echt schwierig:

_____

_____

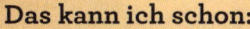

Das kann ich schon:

- ☐ Weichen Materialien eine neue Form geben
- ☐ Details wie Augen und Schuppen herausarbeiten
- ☐ An einer aufgezeichneten Linie entlangschneiden

Herzlichen Glückwunsch!
Hier kannst du deinen ersten
„Geschafft!"-Sticker aufkleben.

Ein Rindenschiffchen

Wie weit schwimmt
das Rindenschiffchen?

Du brauchst:

ein Stück Rinde (etwa von einer Kiefer, Eiche oder Pappel), dein Messer, Sandpapier, ein Segel (zum Beispiel ein Stück Stoff oder ein Stück eines Getränke-
kartons), ein Stöckchen als Mast, einen Bohrer und einen reißfesten Faden.

Und so geht's:

1. Bringe das Rindenstück vorsichtig mit deinem Messer in Form, bis sich ein
   Schiffskörper mit Bug, Heck und Rumpf herausgebildet hat.
2. Poliere alle unebenen Stellen mit dem Sandpapier schön glatt.
3. Befestige das Segel am Mast.
4. Bohre zwei Löcher in dein Schiff: eins in die Mitte und eins ans Heck.
5. In das Loch in der Mitte steckst du den Mast.
6. Durch das Loch am Heck fädelst du den Faden und knotest ihn fest. Halte
   das Ende gut fest, damit dein Schiff nicht wegschwimmt, wenn du es zu
   Wasser lässt.

Ein Floß

Du brauchst:

dein Messer, zwölf Stöcke (mindestens 1 cm dick), Schnur, einen kleinen Zweig als Mast und ein großes Blatt als Segel.

Und so wird's gemacht:

1. Schneide alle Stöcke auf die richtige Länge: zehn Stöcke auf 20 cm, zwei Stöcke auf 12 cm (etwas länger, als das Floß breit ist).
2. Lege die langen Stöcke nebeneinander und binde sie mit der Schnur zusammen.
3. Damit dein Floß stabiler wird, legst du die beiden anderen Stöcke mit einem Abstand von ungefähr 15 cm quer unter die anderen Stöcke und bindest sie ebenfalls mit Schnur fest.
4. Zum Schluss steckst du den kleinen Zweig als Mast in dein Floß und befestigst das Segel daran, wie die Bilder es zeigen.
5. Jetzt kannst du dein Floß ins Wasser setzen.

Tipp: Wie viele kleine Steine kann dein Floß tragen?

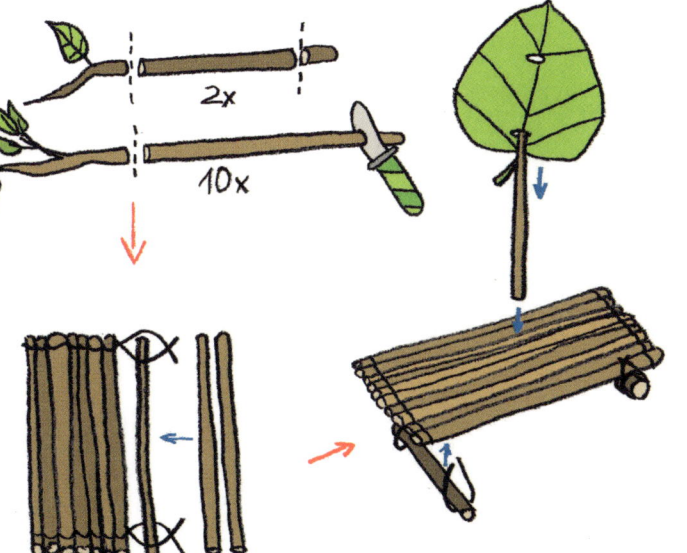

Ein großes Blatt kann das Segel sein.

Ein Stock für Leckeres am Lagerfeuer

Du brauchst:
dein Messer und einen frischen, etwa 60 cm langen Stock (zum Beispiel von einem Haselnussstrauch).

Und so wird's gemacht:
1. Kürze den Stock auf die richtige Länge.
2. Für Stockbrot entrindest du etwa 15 cm eines Endes. Setze die Klinge deines Messers dafür schräg an.
3. Wenn du auch Würstchen oder Äpfel aufspießen und über die Glut halten möchtest, spitzt du das entrindete Ende zusätzlich an. Dazu schnitzt du das Holz etwa 2 cm vom Ende schräg weg.
4. Und damit du deinen Stock immer wieder erkennst, schnitzt du zum Schluss ein schönes Muster und den Anfangsbuchstaben deines Namens in die Rinde am anderen Ende.

Einen eigenen Stock für Lagerfeuer-Leckereien braucht jeder Abenteurer.

Angespitzte Stöcke eignen sich gut für kurze Grillwürstchen.

Häuser und Türme

Du brauchst:
dein Messer, einen 4 bis 8 cm dicken Ast und eine Säge.

Und so wird's gemacht:
1. Markiere mit deinem Messer 5 bis 15 cm lange Stücke auf dem Ast.
2. Bitte einen Erwachsenen, den Ast auf einen Baumstumpf zu legen und gut festzuhalten.
3. Säge die Stücke an den Markierungen ab und verwandele sie mit deinem Schnitzmesser in Häuser und Türme.

Ein Leuchtturm

Deiner Fantasie sind keine Grenzen gesetzt. Du kannst die Rinde ganz entfernen oder Fenster und Türen hineinritzen. Wie sollen die Dächer aussehen? Du kannst sie schnitzen oder du setzt Fundstücke, zum Beispiel Rindenstückchen oder Moos, auf deine Häuser. Mit ein bisschen Geduld entsteht so ein ganzes Dorf, das du im Garten oder im Wald aufbauen kannst. Was hältst du davon, wenn ein paar Figuren einziehen?

Eine Schlange aus Aststücken

Du brauchst:

eine Säge, einen 3 bis 5 cm dicken Holunder- oder Haselnussast, dein Messer, einen Handbohrer oder den Bohrer deines Taschenmessers, dicke Schnur.

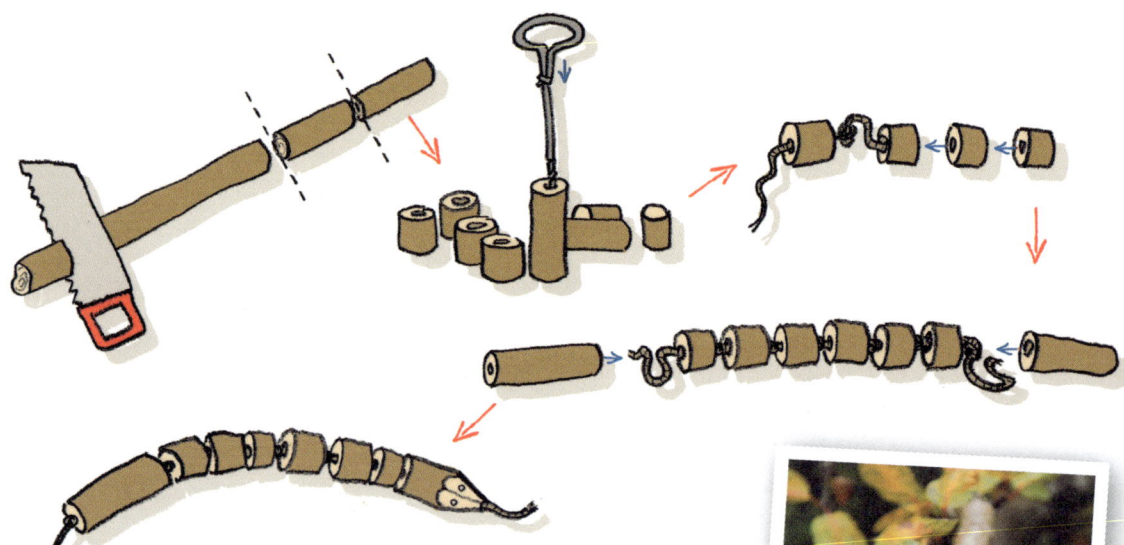

Und so wird's gemacht:

1. Säge viele kurze und zwei etwas längere Stücke vom Ast ab. Wenn du möchtest, kannst du die Rinde mit deinem Messer entfernen.
2. Bohre durch die Mitte jedes Stücks ein Loch.
3. Fädele die Stücke auf die Schnur und binde dicht hinter jeder Scheibe einen dicken Knoten. So wird der Körper der Schlange beweglich.
4. An die Enden setzt du jeweils eins der beiden längeren Stücke – als Kopf und Schwanzspitze.
5. Zum Schluss spitzt du das Kopfstück an und schnitzt Vertiefungen als Augen hinein.

Wer schlängelt sich da durch den Blätterwald?

Ein Traumfänger

Du brauchst:

dein Messer, einen 1 cm dicken, frischen Weidenzweig, Naturbast, Fundstücke aus der Natur (zum Beispiel Kastanien, Eicheln, Muscheln oder Rindenstückchen), einen Handbohrer oder den Bohrer deines Taschenmessers und eine Baumwollschnur.

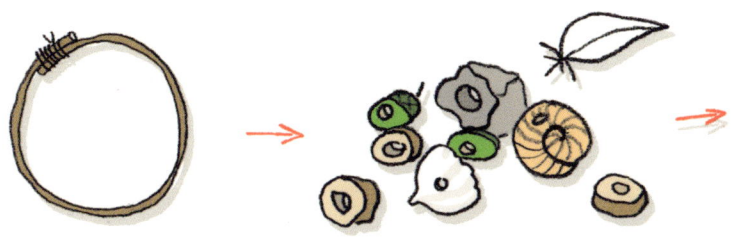

Und so wird's gemacht:

1. Schneide ein etwa 70 cm langes Stück vom Weidenzweig ab. Es sollte gleichmäßig dick sein.
2. Entferne Blätter und Abzweigungen.
3. Biege den Zweig zu einem Kreis und lass die Enden großzügig überlappen.
4. Schließe den Kreis, indem du den Naturbast straff drumherum wickelst.
5. Bohre Löcher in deine Fundstücke, fädele sie auf die Baumwollschnur und gestalte damit den Weidenkreis. Wie wär's noch mit ein paar eingewebten Federn?

Tipp: Ein Traumfänger soll vor schlechten Träumen und bösen Geistern schützen. Probier's aus!

Einfach traumhaft!

29

Eine Kette aus Holunderperlen

Du brauchst:

dein Messer, einen 1 cm dicken Holunderzweig, einen harten Zweig als Bohrer, Sandpapier, Naturbast, evtl. durchbohrte Haselnüsse, Eicheln und Kastanien.

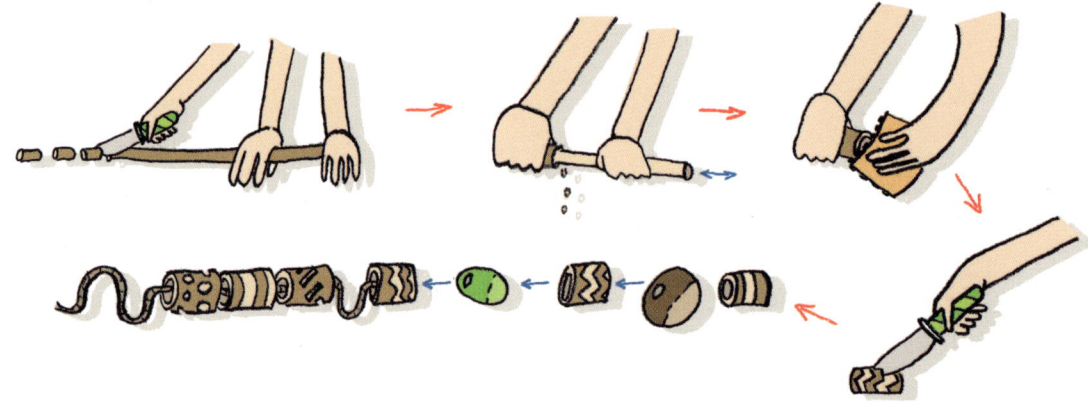

Und so wird's gemacht:

1. Schneide viele 3 cm lange Stücke vom Zweig ab. Damit er dir dabei nicht wegrutscht, bittest du einen Freund oder einen Erwachsenen, ihn gut festzuhalten.
2. Entferne das weiche Mark mithilfe des harten Zweigs.
3. Damit die Sägeränder nach dem Fädeln nicht auf der Haut kratzen, schmirgelst du sie mit dem Sandpapier glatt.
4. Ritze ein paar schöne Muster in die Perlen und fädele sie auf den Naturbast auf.
5. Zwischen den Holunderperlen machen sich ein paar Haselnüsse, Eicheln oder auch Kastanien gut.

Holunderperlen ohne Rinde kannst du auch anmalen.

Ein Blasrohr

Du brauchst:
eine Säge, einen 2 cm dicken Holunderast, einen harten Zweig, Sandpapier und dein Messer.

Und so wird's gemacht:
1. Säge ein ungefähr 20 cm langes, möglichst gerades Stück vom Ast ab.
2. Entferne das weiche Mark mithilfe des harten Zweigs.
3. Schmirgele die Sägekanten mit dem Sandpapier glatt.
4. Ritze schöne Muster in die Rinde.

Kräftig pusten, schon saust der Kirschkern durch die Luft.

Als Munition eignen sich Kirschkerne, runde Steinchen oder Papierkugeln. Schneide dafür ein 5 x 5 cm großes Stück Papier zurecht und forme es mit feuchten Fingern zu einer festen Kugel.

Wichtig: Ziele niemals auf Menschen oder Tiere, und vergewissere dich stets, dass niemand durch die Flugbahn läuft.

Pfeil, Bogen und Köcher

Stumpfe Spitze mit Kreppklebeband

Pfeile schnitzen

Verwende nur sehr gerade, kräftige Haselnusszweige und entferne die Rinde vorsichtig mit Sandpapier. Wenn du auf einen Strohballen, einen leeren Eierkarton oder auf ein Moospolster schießen möchtest, spitzt du ein Ende leicht an. Ungefährlicher ist die Spitze, wenn du sie mit viel Kreppklebeband umwickelst. Zum Schluss kerbst du das andere Ende dreimal kreuzförmig ein, klemmst eine Feder hinein und fixierst das Ganze mit Naturbast. Lass den Pfeil ein paar Tage lang trocknen.

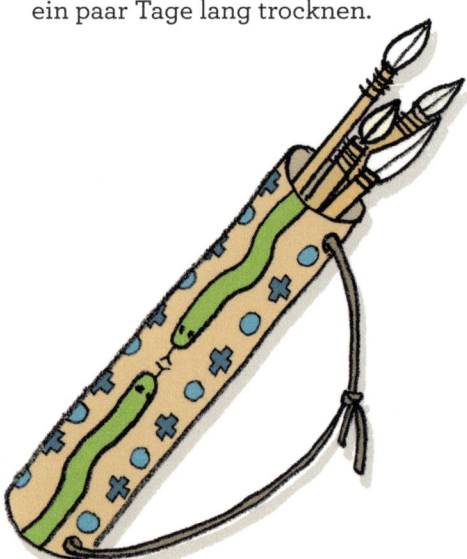

Einen Köcher basteln

Für den Köcher ist eine bereits benutzte Versandrolle mit nur einem verschlossenen Ende ideal. Bohre mit leicht drehenden Bewegungen oben und unten ein Loch in die Rolle, ziehe eine Schnur hindurch, kürze sie auf deine Körpergröße und knote sie fest. Wenn du Lust hast, kannst du noch bunte Muster auf deinen Köcher malen oder ihn mit Federn verzieren. Zum Schluss steckst du die Pfeile hinein.

GESCHAFFT!

GESCHAFFT!

GESCHAFFT!

GESCHAFFT!

GESCHAFFT!

HÄNDE WEG!
DIESE AUSRÜSTUNG
GEHÖRT:
- - - - - - -

DAS ⟶ IST **MEINE**
AUSRÜSTUNG!

WAHNSINN!

Das ⟶
HABE ICH GESCHNITZT!

DIESES ⟶
SCHNITZMESSER
GEHÖRT: - - - - - - - -

GESCHAFFT

ALLES-
SCHNITZER

Tadaaa!

DIESES MESSER GEHÖRT - - - - - - - -

FINGER WEG, DAS **MESSER** GEHÖRT:
- - - - - - - -

--- DAS IST DER ---
KNALLER

DAS → IST **TOLL** GEWORDEN!

- ☆ -
SUPERGUT
- ☆ -

SCHNITZ- **PROFI** ☆ ☆ ☆

WAHNSINN

SCHNITZ- ☆MEISTER☆

☠ Hände weg ☠
DIESE AUSRÜSTUNG GEHÖRT:
- - - - - - - -

ECHT SUPER

Einen Bogen herstellen

Säge einen etwa 60 cm langen und 2 cm dicken Weiden- oder Haselnussast zurecht und schnitze ungefähr 2 cm vor den Astenden jeweils eine kleine Einkerbung rundum ins Holz. In diese Kerben spannst du einen dünnen, reißfesten Faden, und zwar so fest, dass sich der Bogen biegt. Umwickele nun eine 10 cm breite Stelle in der Mitte des Holzes mit Naturbast oder Wolle als Griff.

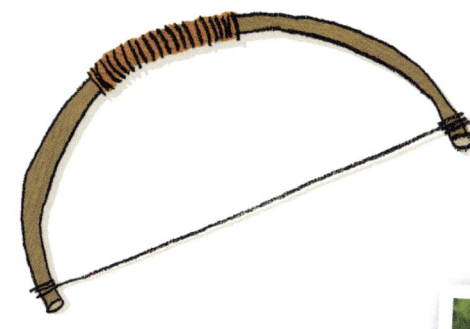

Wichtig: Ziele niemals auf Menschen oder Tiere, und vergewissere dich immer, dass niemand durch die Flugbahn läuft.

Im Köcher auf dem Rücken sind die Pfeile immer griffbereit.

Geschafft!

Hier kannst du ein Foto deines schönsten Werkstücks
einkleben oder ein Bild davon malen.

Das hat besonders viel Spaß gemacht:

_____

_____

Das war echt schwierig:

_____

_____

Das kann ich schon:

☐ Weiches Holz schnitzen

☐ Mit Säge und Handbohrer arbeiten

☐ Werkstücke mit Sandpapier glatt
   schmirgeln

Herzlichen Glückwunsch! Hier kannst
du deinen zweiten „Geschafft!"-Sticker
aufkleben.

→ GESCHAFFT!

Ein schneller Flitzer

Du brauchst:

eine Säge, einen 4 bis 5 cm dicken Haselnussast, dein Messer, einen etwa 5 mm dicken, geraden Zweig, Sandpapier, Öl, Lappen und einen Bohrer.

Ein echter Rennwagen!

Und so wird's gemacht:

1. Säge ein 15 cm langes, gerades Stück als Korpus und vier 1 cm dicke Scheiben als Räder vom Ast ab.
2. Schneide zwei 10 cm lange Stücke als Achsen vom Zweig ab, entferne Rinde und Unebenheiten, schleife die Achsen glatt und öle sie ein.
3. Durchbohre das untere Drittel des Korpus zweimal. Die Löcher sollen etwas größer sein, als die Achsen dick sind.
4. Bohre in jedes Rad ein Loch. Die Löcher sollen so groß sein, dass die Achsen fest darin sitzen können.
5. Schiebe die Achsen durch die Löcher im Korpus und stecke ein Rad auf jedes Achsenende. Sitzen die Räder zu locker, klebe sie mit Leim fest.

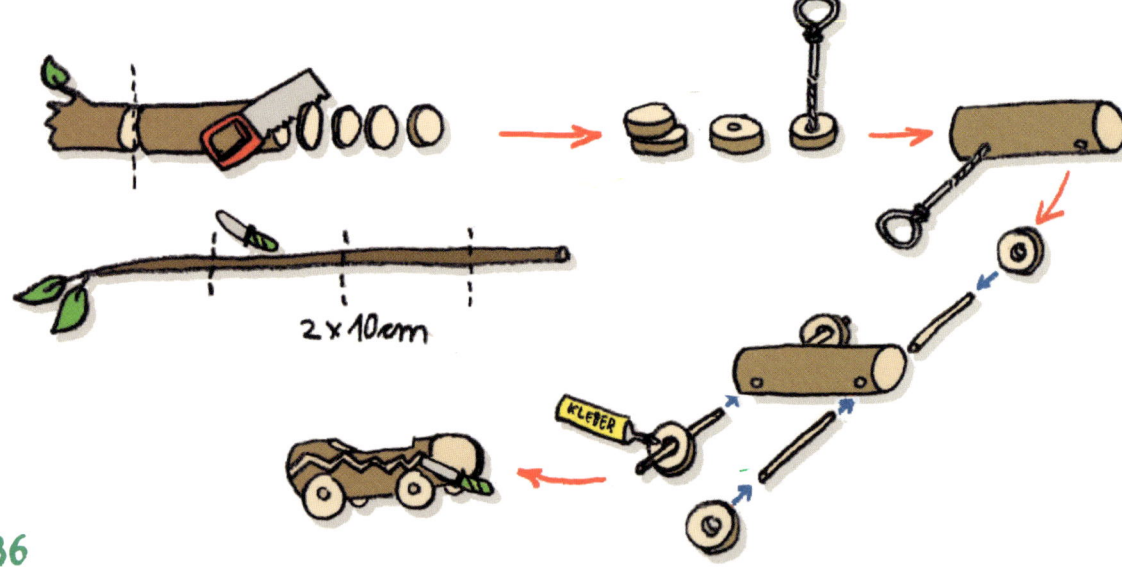

2 x 10 cm

Ein Boot mit Luftballonantrieb

Du brauchst:

eine Säge, einen 5 cm dicken Ast, dein Messer, ein Hohleisen, einen Bohrer, Sandpapier, Öl, einen Lappen und einen Luftballon.

Und so wird's gemacht:

1. Säge ein etwa 12 cm langes Stück vom Ast ab.
2. Flache eine Seite mit deinem Messer ab.
3. Höhle den Rumpf mit dem Hohleisen aus.
4. Bohre ein Loch in den Bug.
5. Schleife dein Boot glatt, und öle es ein, damit sich das Holz nicht mit Wasser vollsaugt.
6. Puste den Luftballon stramm auf, und verdrehe das Ende mit dem Loch, damit keine Luft entweichen kann.
7. Stecke das Ende mit dem Loch von der Innenseite des Bootes aus durch das Loch im Bug.
8. Setze dein Boot ins Wasser und drehe das Ende mit dem Loch auf – dein Boot saust los.

Tipp: Wie wär's mit einer kleinen Bootsregatta?

Ein Kamm

Du brauchst:
einen Bleistift, ein flaches Brett aus Birkenholz, eine Säge, dein Messer, Sandpapier, Öl und einen Lappen.

Ganz wichtig: Gut schleifen!

Und so wird's gemacht:

1. Zeichne die Kammform und grobe Kammzähne in Faserrichtung auf das Brett.
2. Säge die Zwischenräume aus und arbeite sie mit deinem Messer nach.
3. Schleife alles mit dem Sandpapier glatt.
4. Wenn du Lust hast, schnitzt du noch ein schönes Muster in deinen Kamm.
5. Zum Schluss das Ganze gut einölen, polieren und trocknen lassen.

Eine Holunderflöte

Du brauchst:

eine Säge, einen etwa 2 cm dicken Holunderast, dein Messer, einen harten, dünnen Zweig, einen Ast, der etwas dünner als der Holunderast ist (zum Beispiel von einem Haselnussstrauch).

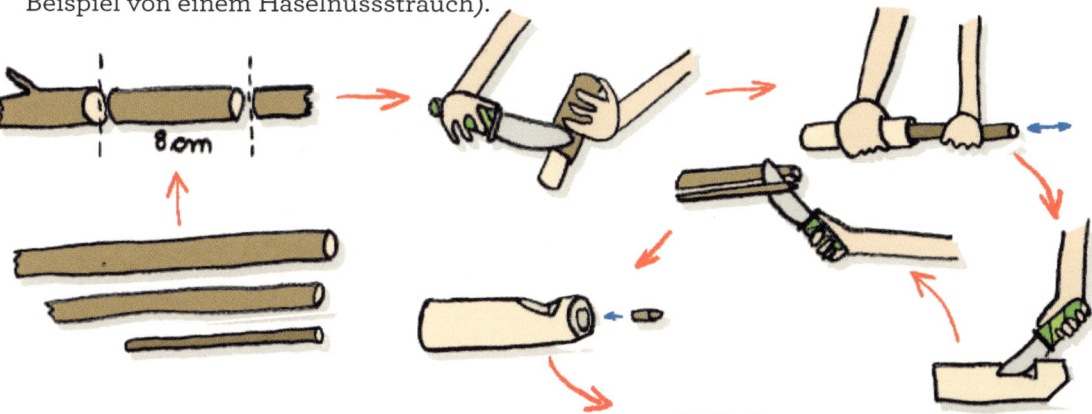

Und so wird's gemacht:

1. Säge aus dem Holunderast ein 8 cm langes, gerades Stück heraus.
2. Runde die Schnittkanten etwas ab und entferne die Rinde.
3. Stich mehrmals mit dem dünnen Zweig in das Aststück und entferne so das weiche Mark. Jetzt hast du ein Flötenrohr.
4. Stecke ein kurzes Stück des zweiten Astes in das untere Ende des Flötenrohrs.

Wie klingt deine Flöte?

5. Jetzt schnitzt du in das obere Drittel des Flötenrohrs eine Kerbe als Luftöffnung und schrägst das Mundstück unten an.
6. Schnitze ein Drittel des zweiten Astes weg.
7. Stecke das Zwei-Drittel-Stück in das obere Ende deiner Flöte. Das Stück soll so lang sein, dass es bündig am Ende abschließt, ohne die Luftöffnung von innen zu verschließen.

Knöpfe und Spielsteine

Du brauchst:

dein Messer, etwa 2 cm dicke Äste unterschiedlicher Bäume, eine Säge, einen Bohrer, Sandpapier, Öl und einen Lappen.

So schnitzt du Knöpfe:

1. Entferne die Rinde eines Haselnussastes und säge ihn in etwa 5 mm dünne Scheiben.
2. Bohre zwei kleine Löcher in jede Scheibe.
3. Runde die Kanten vorsichtig ab, schleife deinen Knopf glatt und öle ihn ein.

So stellst du Spielsteine und -figuren her:

1. Wähle pro Spieler eine andere Holzart aus.
2. Für Spielsteine entfernst du die Rinde der Äste und sägst sie in 1 cm dicke Scheiben. Runde die Kanten ab, schleife die Spielsteine glatt und öle sie ein.
3. Für Spielfiguren sägst du etwa 5 cm lange Stücke von den Ästen ab. Bearbeite sie so, dass du eine flache, glatte Unterseite erhältst, auf der die Figuren gut stehen können. Den oberen Teil kannst du nach Lust und Laune gestalten.

Wie sollen deine Figuren aussehen?

Eine Eule

Du brauchst:
einen Bleistift, eine 1 cm dicke Astscheibe mit einem Durchmesser von 15 cm, dein Messer, Holzleim, zwei Wäscheklammern, einen 1 cm dicken Zweig, Sandpapier, evtl. einen Bohrer und ein dünnes Lederband.

Und so wird's gemacht:
1. Zeichne auf die Astscheibe Kopf (mit Ohren) und Bauch deiner Eule, daneben zwei Flügel und einen Schnabel.
2. Schnitze alle überschüssigen Holzteile entlang der Umrisse weg.
3. Runde die Kanten sorgfältig ab und arbeite die Ohren spitz aus.
4. Klebe die Flügel mit dem Leim seitlich an den Bauch der Eule, und fixiere sie mit Wäscheklammern, bis der Leim ausgehärtet ist.
5. Säge zwei dünne Scheiben für die Augen vom Zweig ab und schleife sie mit Sandpapier glatt.
6. Klebe die Augen und den Schnabel auf.

Muster in den Flügeln stehen deiner Eule sicher gut.

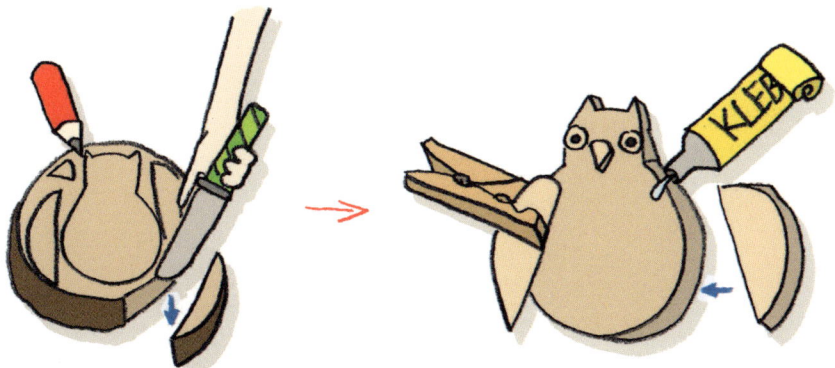

Tipp: Wenn du magst, bohrst du zum Schluss ein Loch in die obere Kopfmitte, ziehst das Lederband hindurch und hängst deine Eule an deinen Rucksack.

Ein Löffel

Du brauchst:

einen etwa 5 cm dicken Ast (zum Beispiel von einer Birke, Erle oder Linde), eine Säge, dein Messer, einen Holzhammer, einen Bleistift, ein Hohleisen, Sandpapier, Öl und einen Lappen.

Und so wird's gemacht:

1. Säge den Ast auf etwa 12 cm Länge.
2. Dann spaltest du den Ast: Stelle ihn aufrecht hin, setze dein Messer mittig auf die Schnittkante und schlage mit dem Holzhammer auf den Messerrücken. Am besten bittest du einen Freund, den Ast gut festzuhalten.
3. Nun zeichnest du die Löffelform auf die Spaltfläche.
4. Schnitze das überschüssige Holz weg, arbeite den Löffelkopf aus und runde die Kanten ab.
5. Höhle den vorderen Teil des Löffels mit dem Hohleisen aus.
6. Schleife den Löffel glatt und öle ihn gut ein.

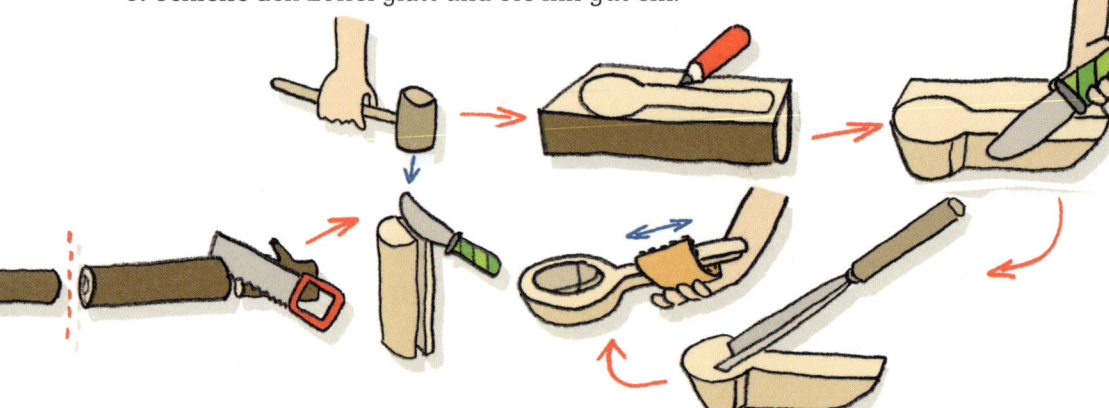

Tipps:

- Statt einen Ast zu spalten, kannst du auch ein Brett bearbeiten.
- Kein Hohleisen da? Dann höhle den Löffel mit einem glühenden Stück Kohle aus. Lass dir von einem Erwachsenen helfen! Die verkohlten Fasern kannst du leicht herauskratzen.

Eingeölt hält deine Gabel lange.

Eine Gabel

Du brauchst:

dein Messer, einen frischen Stock mit Astgabel, ein dickes Gummiband, eine Schüssel mit warmem Wasser, Öl und Lappen.

Und so wird's gemacht:

1. Kürze den Stock auf die gewünschte Länge.
2. Entferne Rinde und Unebenheiten.
3. Kürze die Zinken auf die gleiche Länge und spitze sie an.
4. Damit die Zinken parallel verlaufen, wickelst du das Gummiband drumherum und tauchst die Gabel so für zwei Stunden in das warme Wasser.
5. Das Wasser weicht das Holz auf, sodass die Zinken dauerhaft die gewünschte Form behalten.
6. Lass deine Gabel über Nacht trocknen und nimm das Gummiband dann ab.
7. Zum Schluss ölst du deine Gabel gut ein.

Tipp: Aus Löwenzahn, Giersch, jungen Buchenblättern, Sauerampfer und Gänseblümchen kannst du einen leckeren Wildkräutersalat zubereiten. Vermische die Blätter mit deinem selbst geschnitzten Besteck!

Geschafft!

Hier kannst du ein Foto deines schönsten Werkstücks
einkleben oder ein Bild davon malen.

Das hat besonders viel Spaß gemacht:

_____

_____

Das war echt schwierig:

_____

_____

Das kann ich schon:

☐ Holz spalten

☐ Mit einem Hohleisen arbeiten

☐ Werkstücke einölen

Herzlichen Glückwunsch! Hier kannst
du deinen dritten „Geschafft!"-Sticker
aufkleben. →

3.

GESCHAFFT!

Eine Wurzelhöhle

Es gibt zwei Möglichkeiten, eine Wurzelhöhle zu gestalten: Entweder du schmückst eine lebendige Wurzelhöhle im Wald oder im Garten, zum Beispiel mit einer Haustür aus Rinde und Blättern als Dachziegeln. Oder du suchst im Wald, am Strand oder an einem Bach nach einem umgefallenen Baum, sägst einen Teil seiner Wurzel ab und bearbeitest ihn zu Hause. Das kann ganz schön anstrengend sein. Denn je älter, trockener und härter das Holz ist, desto schwieriger lässt es sich schnitzen. In jedem Fall sind deiner Fantasie keine Grenzen gesetzt. Wer soll in deiner Höhle wohnen?

Wer es schafft, so altes Holz zu bearbeiten, ist auf dem besten Weg zum Schnitz-Profi.

Eine verwunschene Höhle mitten im Wald! Klar, dass hier eine Fee wohnt!

Lustig!

Waldgeister

Halte auf dem Boden nach Ästen und Zweigen Ausschau, die kleine Veräste-
lungen oder Verdickungen haben oder besonders schön geschwungen sind.
Überlege dir, was du daraus schnitzen könntest. Kleine Äste können Arme und
Beine sein, eine dicke Stelle sieht aus wie eine Knubbelnase. Und ein geboge-
ner Ast? Den verwandelst du vielleicht in eine Schlange oder ein Krokodil.

Ein Hals entsteht, wenn du unterhalb einer Verdickung mit deinem Messer eine
Kerbe schnitzt. Auch Haare kannst du schnitzen. Oder du schnitzt Ritzen ins
Kopfstück und steckst Gräser oder Moos hinein. Was hältst du
von Flügeln aus dünnen, biegsamen Zweigen und bunten
Blätterkleidern? Dir fällt sicher noch mehr ein!

Ein Glückspfahl als Teamarbeit

Einen Glückspfahl zu schnitzen, ist eine Menge Arbeit – und darum genau richtig für dich und deine Freunde, zum Beispiel bei der nächsten Geburtstagsparty. Gemeinsam habt ihr viele tolle Ideen!

Du brauchst:
eine Bohrmaschine, etwa zehn Astscheiben (10 cm dick, 15 cm im Durchmesser), neun kleinere Aststücke, für jedes Kind ein Schnitz- oder Taschenmesser, Sandpapier, Öl, Lappen, einen Holzstiel (zum Beispiel von einem Besen) und einen Eimer mit Sand.

Und so wird's gemacht:
1. Als Erstes bohrt ein Erwachsener sowohl in die Astscheiben als auch in die kleineren Aststücke jeweils ein Loch, das so groß ist, dass der Holzstiel hindurchpasst.
2. Nun bekommt jedes Kind eine Astscheibe und ein Messer.
3. Entfernt die Rinde und schnitzt nach Lust und Laune Muster, Gesichter, Tiere oder Wörter in den Rand der Astscheiben.
4. Schmirgelt eure Werke mit dem Sandpapier glatt, und reibt sie mit dem Öl ein, damit die Holzmaserung gut zur Geltung kommt.
5. Zum Schluss setzt ihr abwechselnd ein kleines Aststück und eine Astscheibe auf den Holzstiel im Sandeimer.

Tipp: Lasst euch beim Zusammensetzen des Glückspfahls Zeit. Jedes Kind, das seine Astscheibe auf den Besenstiel setzt, kann dazu eine kleine Geschichte erzählen, die das nächste Kind fortsetzt. Oder ihr erklärt, was eure Schnitzarbeiten bedeuten sollen und was ihr euch dazu überlegt habt. So können witzige, spannende und manchmal auch gruselige Geschichten entstehen.

Welche Muster fallen euch ein?

Ein Wasserrad

Du brauchst:

dein Messer, einen geraden Ast als Radachse (30 cm lang, 2 cm dick), vier gleich lange, gerade Zweige als Speichen, einen Stift, einen leeren Getränkekarton, eine Schere, einen Locher, zwei Astgabeln und eine Schaufel.

Und so wird's gemacht:

1. Schnitze in die Mitte der Radachse einen Spalt von 12 bis 15 cm Länge.
2. Schneide zwei weitere Spalten (jeweils 5 cm lang) in die Radachse, wie das Bild es zeigt.
3. Stecke nun die Speichen durch die Spalten in der Radachse – zwei Speichen durch den langen Spalt und jeweils eine Speiche durch einen kurzen Spalt.
4. Nun zeichnest du auf dem leeren Getränkekarton vier gleich große, ca. 13 cm breite Schaufeln auf.
5. Schneide die Schaufeln aus und loche sie an allen vier Ecken.

6. Schiebe die Schaufeln nun so auf die Speichen, dass sie leicht gewölbt sind. So können sie das Wasser später gut transportieren.
7. Suche eine geeignete Stelle an einem Bach, wo die Strömung stark genug ist.
8. Grabe die Astgabeln als Halterung ein. Damit sie fest im Boden stehen, beschwerst du die Erde rund um die Astgabeln mit Steinen.
9. Jetzt wird's spannend: Lege die Radachse mit den Schaufeln in die Astgabeln. Schon dreht sich dein Wasserrad.

Tipp: Statt einen Getränkekarton zu zerschneiden, kannst du auch Rindenstücke einer Birke verwenden.

Wichtig: Wenn du am Wasser spielst, muss immer ein Erwachsener in der Nähe sein, der dir helfen kann, falls du hineinfällst oder im weichen Boden stecken bleibst.

Geschafft!

Hier kannst du ein Foto deines schönsten Werkstücks einkleben oder ein Bild davon malen.

Das hat besonders viel Spaß gemacht:

_____

_____

Das war echt schwierig:

_____

_____

Das kann ich schon:

☐ Mir selbst etwas ausdenken

☐ Sachen aus mehreren Teilen herstellen

☐ Eine Maschine bauen, die funktioniert

Herzlichen Glückwunsch! Hier kannst → du deinen vierten „Geschafft!"-Sticker aufkleben.

4.

GESCHAFFT!

Eine Murmelbahn

Du brauchst:

dein Messer, mehrere 3 bis 4 cm dicke Äste, ein Hohleisen, eine Murmel, grobes, feineres und ganz feines Sandpapier, einen Korken, Öl, einen Lappen und Murmeln.

Und so wird's gemacht:

1. Entferne die Rinde und spalte die Äste (Seite 42).
2. Schnitze eine v-förmige Kerbe über die gesamte Länge in jeden Ast.
3. Arbeite die Kerbe mit dem Hohleisen zu einer u-förmigen Röhre aus. Die Bahn muss 2 mm breiter sein, als die Murmel, die sie durchlaufen soll, dick ist.
4. Wickele das grobe Sandpapier um den Korken und arbeite die Rundung der Bahn weiter aus.
5. Tausche das grobe Sandpapier gegen das feinere.
6. Nach dem Feinschliff mit dem ganz feinen Sandpapier ölst du deine Bahn ein.

7. Jetzt baust du dir entweder aus Sandhügeln oder aus Eimern, Blumentöpfen und Holzklötzen eine Unterkonstruktion. Lege die geschnitzten Teilstücke so darauf, dass die Murmel von einem Teilstück in ein etwas tiefer liegendes Teilstück plumpst, dort weiterrollt, in das nächste Teilstück fällt und so weiter. Wichtig ist, dass die Bahnen nicht zu steil verlaufen, weil die Murmel sonst leicht herausspringen kann.

Zwei Tipps:

- Wie wär's, wenn du die Murmelbahn gemeinsam mit deinen Freunden baust? Oder jedes Kind baut eine eigene Bahn und ihr veranstaltet einen Wettbewerb? Wo rollen die Murmeln am schnellsten? Wer hat die spektakulärsten Sprungschanzen konstruiert?

- Ist in deiner Nähe vor Kurzem ein Baum gefällt worden? Wenn nicht, findest du vielleicht im Wald eine frische Baumscheibe. Mit dem Hohleisen kannst du eine Murmelspirale hineinschnitzen. Schleife sie schön glatt und lass deine Murmeln darin kullern.

Lustige Stelen

Du brauchst:
einen Bleistift, ein Holzbrett (50 cm lang, 15 cm breit), eine Stichsäge, dein
Messer, Sandpapier, Öl und Lappen oder Acrylfarbe und Pinsel.

Und so wird's gemacht:
1. Markiere mit dem Bleistift die oberen 15 bis 20 cm des Holzbretts, und zeichne in diesen Bereich ein Motiv, das dir gefällt, zum Beispiel eine Blüte oder
   einen Tierkopf.
2. Säge gemeinsam mit einem Erwachsenen das Motiv entlang der Linien aus,
   aber nicht vom Brett ab.
3. Arbeite das Motiv mit deinem Messer weiter aus und runde die Kanten ab.
4. Schleife das Motiv mit dem Sandpapier schön glatt.
5. Zum Schluss ölst du das Motiv gut ein oder malst es mit Acrylfarbe an, damit
   es etwas vor Schnee und Regen geschützt ist.

Tipp: Gestalte mehrere Stelen und stelle sie nebeneinander auf. Am Garten-
törchen machen sie sich bestimmt sehr gut.

Ein Schälchen

Du brauchst:

einen Bleistift, ein Holzstück (15 x 15 x 10 cm) einer Schwarzerle oder einer
Birke, dein Messer, ein großes Hohleisen (20 mm), grobes, feineres und ganz
feines Sandpapier, Öl und Lappen.

Und so wird's gemacht:

1. Zeichne mit dem Bleistift einen Kreis auf eine der großen Seiten deines
   Holzstücks.
2. Schnitze die äußeren Ecken mit deinem Messer weg und nähere dich nach
   und nach der äußeren Form deines Schälchens.
3. Entferne dann mit dem Hohleisen das Innere des Schälchens. Achte darauf,
   dass du ausreichend starke Wände stehen lässt.
4. Glätte alle Oberflächen zunächst mit dem groben, dann mit dem feineren und
   schließlich mit dem ganz feinen Sandpapier und öle dein Schälchen gut ein.

Tipp: Mit ein bisschen Übung und genug Geduld kannst du dich auch an größere
Schüsseln und sogar Becher heranwagen.

Geschafft!

Hier kannst du ein
Foto deines schönsten
Werkstücks einkleben
oder ein Bild davon
malen.

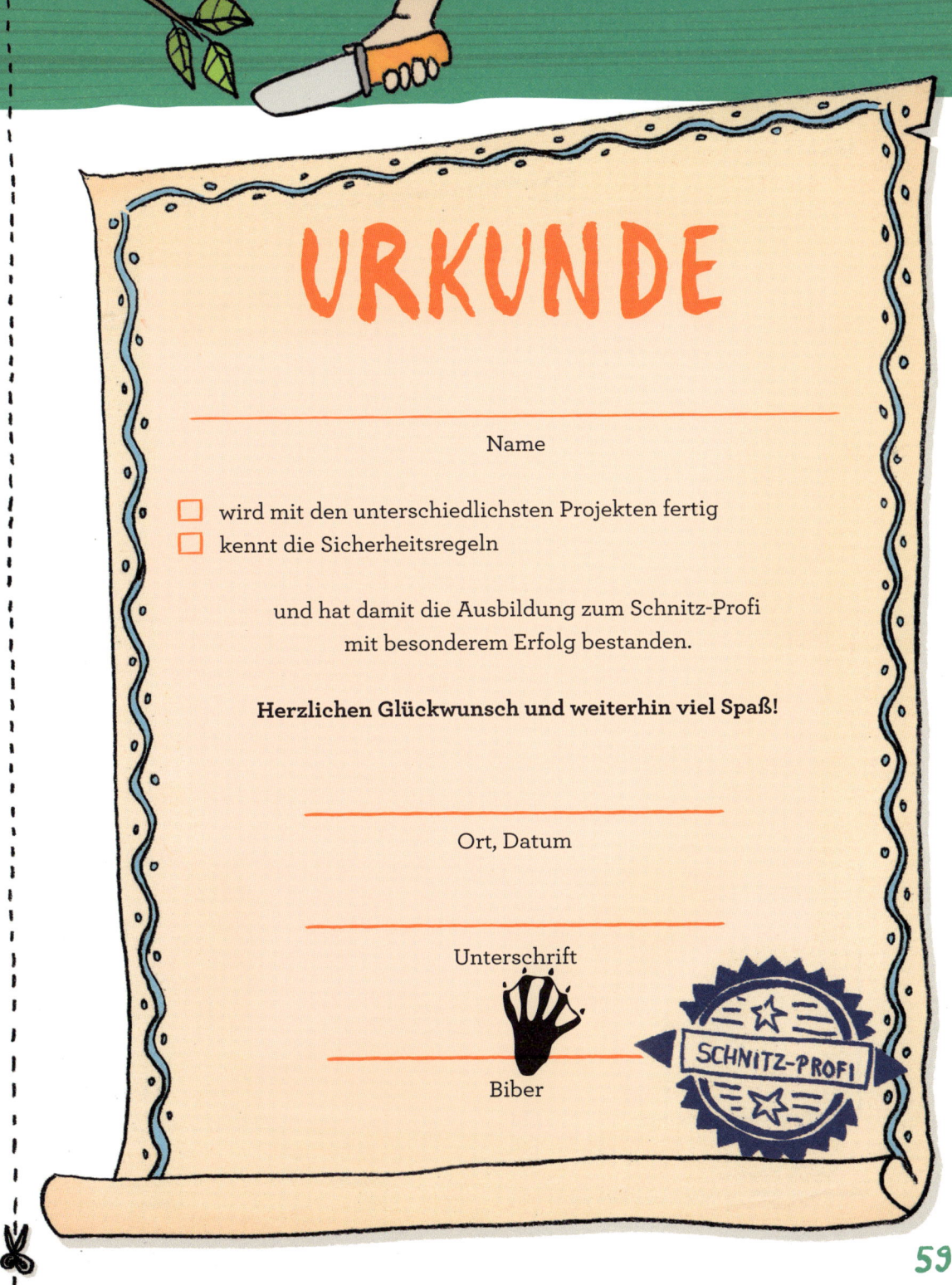

URKUNDE

_____

Name

☐ wird mit den unterschiedlichsten Projekten fertig
☐ kennt die Sicherheitsregeln

und hat damit die Ausbildung zum Schnitz-Profi
mit besonderem Erfolg bestanden.

Herzlichen Glückwunsch und weiterhin viel Spaß!

_____

Ort, Datum

_____

Unterschrift

Biber

SCHNITZ-PROFI

Fotonachweis

Fotostudio Nawarath, Unna:
Cover (großes Foto), Seite 12, 18,
19 (beide Fotos), 29, 31, 33, 41

Leonie Ebbert
Seite 5 und 24

Susanne Tommes
Seite 27, 28, 30, 36, 38, 39, 40, 43, 47,
49, kleine Fotos auf dem Cover

Fotolia.com
animaflora (Seite 46, rechts)

Istockphoto.com
Willowpix (Vorsatzpapier, Seite 13),
quipu-art (Seite 20), bdspn (Seite 46,
links)

Picture Alliance
blickwinkel/McPHOTO (Seite 16,
oben)

Shutterstock.com
KPG_Payless (Seite 14), JanBussan
(Seite 16, Mitte), Red Squirrel (Seite
16, unten), Bildagentur Zoonar GmbH
(Seite 17, oben), Ralf Neumann (Seite
17, Mitte), Mps197 (Seite 17, unten),
JeniFoto (Seite 21 und Nachsatzpa-
pier), Deniza 40x (Seite 25), Marina
Lohrbach (Seite 26, links), Ieva Gene-
viciene (Seite 26, rechts)

**Unser besonderer Dank gilt den
Schnitz-Profis Maja, Anna, Leni,
Amando und Björn.**

Noch mehr für Abenteurer

ISBN 978-3-649-66806-0

ISBN 978-3-649-62072-3

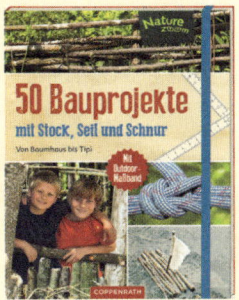

ISBN 978-3-649-67057-5

ISBN 978-3-649-62233-8

ISBN 978-3-649-62252-9

ISBN 978-3-649-67146-6

ISBN 978-3-649-62146-1

ISBN 978-3-649-62273-4

ISBN 978-3-649-62274-1

ISBN 978-3-649-66883-1

ISBN 978-3-649-61932-1

ISBN 978-3-649-62173-7

ISBN 978-3-649-62275-8

Überall im Handel erhältlich und unter www.coppenrath.de